# 虎门销烟

○ 主编 金开诚

○ 编著 李玉敏

吉林出版集团有限责任公司

吉林文史出版社

**图书在版编目（CIP）数据**

虎门销烟 / 李玉敏编著. —长春 ：
吉林出版集团有限责任公司，2011.4（2023.4重印）
ISBN 978-7-5463-5051-6

Ⅰ．①虎… Ⅱ．①李… Ⅲ．①禁烟运动 Ⅳ．
①K253.9

中国版本图书馆CIP数据核字（2011）第053496号

# 虎门销烟

HUMENXIAOYAN

主编／金开诚　编著／李玉敏

项目负责／崔博华　责任编辑／崔博华　邱　荷

责任校对／邱　荷　装帧设计／李岩冰　赵　星

出版发行／吉林出版集团有限责任公司　吉林文史出版社

地址／长春市福祉大路5788号　邮编／130000

印刷／天津市天玺印务有限公司

版次／2011年4月第1版　印次／2023年4月第6次印刷

开本／660mm×915mm　1/16

印张／9　字数／30千

书号／ISBN 978-7-5463-5051-6

定价／34.80元

# 前 言

　　文化是一种社会现象，是人类物质文明和精神文明有机融合的产物；同时又是一种历史现象，是社会的历史沉积。当今世界，随着经济全球化进程的加快，人们也越来越重视本民族的文化。我们只有加强对本民族文化的继承和创新，才能更好地弘扬民族精神，增强民族凝聚力。历史经验告诉我们，任何一个民族要想屹立于世界民族之林，必须具有自尊、自信、自强的民族意识。文化是维系一个民族生存和发展的强大动力。一个民族的存在依赖文化，文化的解体就是一个民族的消亡。

　　随着我国综合国力的日益强大，广大民众对重塑民族自尊心和自豪感的愿望日益迫切。作为民族大家庭中的一员，将源远流长、博大精深的中国文化继承并传播给广大群众，特别是青年一代，是我们出版人义不容辞的责任。

　　本套丛书是由吉林文史出版社和吉林出版集团有限责任公司组织国内知名专家学者编写的一套旨在传播中华五千年优秀传统文化，提高全民文化修养的大型知识读本。该书在深入挖掘和整理中华优秀传统文化成果的同时，结合社会发展，注入了时代精神。书中优美生动的文字、简明通俗的语言、图文并茂的形式，把中国文化中的物态文化、制度文化、行为文化、精神文化等知识要点全面展示给读者。点点滴滴的文化知识仿佛颗颗繁星，组成了灿烂辉煌的中国文化的天穹。

　　希望本书能为弘扬中华五千年优秀传统文化、增强各民族团结、构建社会主义和谐社会尽一份绵薄之力，也坚信我们的中华民族一定能够早日实现伟大复兴！

## 目录

# 一、由"药材"到"商品"

虎门销烟发生于1839年，当时正是清朝道光皇帝统治时期。道光统治时期虽然平息了西北边塞的烽烟，却平复不了东南海疆的波涛。这一由鸦片走私引起的问题，最终成为影响清朝统治的最大危害，也成为影响近代中国的最大问题。在清政府内部进行了激烈的争论后，最终清政府从当时中国唯一的关口——广东着手，委任钦差大臣林则徐去广东

禁烟。从1839年6月3日起，林则徐下令在虎门海滩当众销毁所缴获的鸦片，至6月25日结束，共历时二十三天，销毁鸦片总重量二百三十多万斤。虎门销烟是中国人民为打击毒品泛滥而进行的正义斗争，但英国却以此为借口向中国发动了侵略战争。

人们对于鸦片的认识很早，最初知道它在一些方面具有药用价值，但人们也很早就已知道了它的危害性，不论是中国人还是欧洲人都知道其特殊性能。然而，在18世纪的时候，一个极力扩张海外市场的国家——英国，却在力图打开中国大门的过程中，将鸦片作为冲破中国国门的特殊"商品"，鸦片的身份也由此发生了巨变。

## （一）美丽背后的罪恶

在遥远的古代，有这样一种植物名叫罂粟。它本来生长在温带和亚热带地区，在人类文明的发祥地，几乎都可以找到它的痕迹，譬如两河流域、古埃及和古希腊。这种植物的花朵异常美丽，唐朝时，阿拉伯人把它带到中国，作为观赏植物。而后人们发现罂粟的果实能治疗某些疾病，便作为药材输入。

但是孔雀虽美，其胆剧毒。罂粟的初级产品——鸦片，就是这样一种含有剧毒的东西。鸦片是英文opium的译音，俗名大烟，又名阿芙蓉，是用罂粟未成熟的果

李时珍

实里面的乳状浆汁干燥制成的。关于鸦片的记载也并不罕见，甚至在《圣经》与《荷马史诗》里，鸦片被描述成了"忘忧药"。

鸦片是一种强烈的麻醉剂，少量使用，有止泻、镇痛、提神、辟瘴的医疗效用。而在历史上，鸦片通常是以药品形式出现。古希腊名医加仑就曾详细记录了鸦片具有止痛、抗毒等神奇的疗效。在唐代，人们把进口的阿拉伯鸦片称为"阿芙蓉"，当时是一种奢侈消费品；北宋药书《开宝本草》中记载的"罂粟"，其实就是鸦片；明朝李时珍写的《本草纲目》中，也记述了鸦片具有镇静、止痛、止咳、止泻等功效。

但鸦片也能使人上瘾，损伤身体。由于它含有大量的吗啡和尼古丁，毒性很大，吸上瘾就不容易戒除，一天不吸便会浑身瘫软、涕泪横流，久而久之，使人体力日衰、骨瘦如柴、精神委靡，连路都走不动，更不必说劳动了。中国古代曾经将罂粟称之为"相思草"，大概就是说鸦片烟瘾难以根除吧。

大约明朝中叶以后，鸦片渐渐作为嗜好食用。据说明神宗朱翊钧御疾三十年，不召见群臣，就是被这一物品所拖累的。在定陵挖掘之后，化验他的遗骨，发现有吗啡腐蚀的现象，证明他的确不仅仅是偶尔服用鸦片。最初服用鸦片，还不是吸，而是食，像吃药丸似的吞下去。吸食鸦片，是在中国人学会吸食烟草以后。大约从明万历末年，西班牙人把美洲生产的烟草带到吕宋，从那里输入中国福建，中国人就开始吸食烟草了。后来，荷兰人侵占我国台湾，为了对付疟疾流行，把烟草、鸦片和砒霜混合起来吸食，这种吸食方法经厦门传入中国内地。吸食了鸦片的人顿时觉得神清气爽、通体舒畅，越吸越上瘾。一旦不吸，瘾至难挨，四肢无力，精神委靡，涕泪交流，寻死觅活，无论如何也要吸上一两口解瘾。天长日久，面容憔悴，骨瘦如柴，丧失体力，甚至毙命。

## （二）大英帝国觊觎中国市场

历史的车轮滚滚驶入17世纪时，作为资产阶级前驱的殖民主义者已经广泛开始向海外掠夺。世界上最先确立资产阶级政权的英国，先后打败葡萄牙、西班牙、荷兰以

及法国，取得世界霸主的地位。到18世纪，英国发生工业革命，使其生产力水平显著提升，它的工业产量占世界工业总产量的一半，成为世界工业最发达的国家。在这种情况下，以英国为首的各资本主义国家迫切需要扩大海外殖民地，以便作为商品市场和原料供应地。资本主义国家将地大物博、人口众多的中国当做猎取的对象，并且开始大量向中国输出商品。

从当时双方进出口的货物来看，以英国为首的欧洲各国商人输入的商品主要为棉花、羊毛制品、钟表等，这些商品在中国的市场很小，影响甚微，正如乾隆说的："天朝的物品是你们洋人必需的，而天朝对你们的东西可不在乎。"尤其是英国商人，在这一时期英国输入中国的商品主要是呢绒、棉布等纺织品，其销售量十分有限。这是由于中国广大农民以一家一户为单位，过着男耕女织的贫困生活，他们生产自己需要的一切生活必需品，穿的是自己纺织的土布，所以对既不结实也不便宜的洋布并不欢迎。而那些达官贵人、社会上层人士，一年四季的服装都有规定，要穿绫罗绸缎，也不太需要纺织品。这就使得到中国来做买卖的英国商人经常赔本。英国棉纺织品在中国的销路不畅，有时还得亏本减价出售，仅18世纪的最后五年，年平均亏本就达十九万两银子。19世纪30年代，随着英国工业的飞速发展，其工业品生产量迅速增加，机制纺织品价格下跌，大量输入中国，但始终打不开中国市场，其亏本的状态依旧。例如在1821年，英国商人运到广州的四千多匹制花呢和天鹅绒，投放市场却无人过问，只好多次降价处理，结果亏本达百分之六十以上。1826年输入的棉布，也亏本百分之十左右。英国商人曾经幻想每一个中国人的衣襟如果加长一寸，每一个中国人如果买一顶睡帽，他们的产品就可以全部销售出去了，但现在他们则不得不唉声叹气地说："在中国，销售英国棉织品的时代还没有到来。"

英国运到中国来的第二种大宗商品是铅、锡、铜等金属品，然而销路也十分有限，年获利不过数千银两，有时也会亏本。唯一能够获利的，是从印度转运过来的棉花。但是总体计算下来，仍然抵不过

棉毛织品的亏损。据1820年统计，东印度公司在广州销售英国产品的净亏损额，在前二十三年中共约一百六十九万镑。

与此同时，中国输入英国的商品则主要是茶叶、生丝、瓷器、丝织品、漆器、大黄等，而且这些东西在英国市场上十分畅销。特别是茶叶，到18世纪后半期，已成为英国广大民众的生活必需品，输入量成倍增加。这个时期中国的对外贸易和交往活动已不再是自由的, 而是受到严格限制的。由于在清王朝统治下的古老中国, 在面对接踵而来的西方殖民国家时, 知道了这些来华的西方人并不完全是要求和平贸易的商人, 有很多是为了牟利而来的不法之徒, 于是为了防范他们在中国沿海劫掠和骚扰, 隔断了中国人民与外界的联系, 以维护其统治。清政府采取了严格限制对外贸易的闭关政策。当时, 清政府虽然允许外国来中国进行贸易, 但只能在广州一地交易, 而且, 只能和指定的贸易商人进行交易, 这就是通常说的"十三行"。"十三行"事实上大都是红顶商人 (官办企业), 所进口的商品必须要经过他们认定, 这就使得中国市场十分狭窄, 外国无法通过扩大贸易数量的方式来平衡贸易逆差。

正是在上述情况下, 自1637年英国海军大佐威得尔率船队来华, 到19世纪上半叶的二百年间, 英国对中国的正当贸易

长期处于不利地位。英国资产阶级不能向中国输入足够的商品，只能用大量的现银弥补贸易逆差。18世纪初期，东印度公司来华船只所装载的，百分之九十以上是白银，商品不足百分之十。在18世纪的一百年间，英国输入到中国的白银达两亿多元。在这样的贸易格局下，大量的金银流入了中国，严重的出超使外国商人不仅难以获得利益，而且损失惨重。

　资本的本性是逐利的，唯利是图的英国商人及其政府，当然不甘心每年把大量白银运往中国。为了弥补损失，英国曾试图打破清政府对内地市场的限制，两次遣使来华，其来华使者马戛尔尼、阿美士德等人进行了外交努力，向清政府提出开放通

商口岸、扩大贸易范围等要求，但均遭到拒绝。于是，他们得到了一个结论，除非使用武力，否则就不可能打开中国的国门。然而不久，让英国人惊喜的是，他们找到了一种既可以在中国有"市场"销路，本身还可以赚取超额利润的特殊"商品"——鸦片。

### (三) 特殊"商品"身份的呈现

英国人也深知鸦片的危害。英国第一任印度总督哈斯丁斯曾这样阐述其鸦片贸易的原则："鸦片不是生活必需品，而是一种有害的奢侈品，除仅仅为对外贸易的目的外，它是

不被容许的。明智的
政府应该严格限制鸦
片的国内消耗。"由此
可见，英国一方面认
为鸦片有害，必须严
格限制它的消耗，另
一方面为了"对外贸
易"，包括对华贸易，

又积极鼓励外销。历任英届印度总督，在
鸦片贸易上所奉行的，就是这个罪恶的
原则。而英国鸦片商人更是毫不隐讳地
说："我们应当承认鸦片贸易的本身，是
经（英国）最高当局准许的。"在英国，贩
卖鸦片是要被判处死刑的。但是资产阶
级损人利己的贪婪本性，却使英国侵略
者不顾中国法令，大量向中国倾销鸦片，
牟取暴利。

当英国在中国的贸易受到挫败时，他
们开始将目光投向了鸦片，贸易将它作为
一块打开中国大门的有力的敲门砖。

英国自18世纪20年代开始经营鸦片贸易，但其发展后来居上，很快超过了最早向中国贩卖鸦片的国家——葡萄牙和荷兰。1757年，英国在印度的殖民机构——东印度公司以阴谋和武力占领了孟加拉，强迫当地农民扩大罂粟的种植面积。后来，它又获得在印度的鸦片专卖权以及制造鸦片的垄断权。这样，从强迫印度农民种植罂粟，到加工制成鸦片直到在加尔各答市场上公开拍卖，都由东印度公司一手包揽垄断。他们把加工后的鸦片装入便于走私的特制箱子里，成批积存在加尔各答标价出卖。从出售到拍卖，转手之间就能牟取暴利。

1773年是英国对华鸦片贸易史上最关键的一年。在这一年，英国政府还制定了向中国大量销售鸦片的侵略政策，授予东印度公司以鸦片

专卖的特权。从此，英国的鸦片贩子在英国政府的纵容和支持下，与中国烟贩勾结，采用武装走私、行贿受贿等卑劣手段，不断把鸦片偷运到中国。走私的范围从珠江口外逐渐扩大到东南沿海，直至北及直隶和奉天（辽宁）

海岸。1767年以前，每年由印度输入中国的鸦片不过两百箱（每箱一百二十斤）；19世纪初的二十年内，每年平均走私鸦片四千余箱；到鸦片战争的前一年（1839年），走私鸦片达四万多箱。

# 二、特殊"商品"效用的凸现

所谓鸦片贸易，其实是名副其实的贩毒活动。当时鉴于鸦片大量输入中国，给中国社会造成的严重危害，清政府多次颁令禁烟。但是其禁止措施未能真正发挥作用，鸦片走私仍屡禁不止，大量的鸦片源源涌入中国，向中国大量走私鸦片的英国获得了巨额利润，其对华贸易不再处于过去的不利地位。这使中国古老的大地上烟毒泛滥，中国社会也随之呈现出种种危机。

## （一）鸦片走私的屡禁不止

早在1729年，雍正皇帝就颁布了第一道禁烟诏令，规定对贩运鸦片烟的人"枷号一月，发近边充军"；对私开鸦片烟馆引诱良家弟子的人，依照邪教蛊惑民众的律令来定罪，"拟绞监候"，就是要判处死缓；从犯要杖一百，流徙三千里。这是天朝政府颁布的第一道禁止鸦片的谕旨。在这个时候，据说每年输入中国的鸦片不过两百箱。鸦片的祸患就像涓涓细流，如果当时四天朝政府坚决执行法令，认真进行堵塞，并不是十分难于治理。但是，雍正皇帝组织的这次禁烟行动却留下了一个很大的漏洞，就是允许鸦片按药材纳税进口，并通过公行公开销售。

到了1780年，吸食鸦片的人开始增多，乾隆重申禁烟法令，并且禁止烟具的输入或贩卖。但是，乾隆没有想到，这样做仍然效果甚微。1796年，嘉庆皇帝再颁禁令：停收鸦片税，禁止鸦片输入。而

后嘉庆皇帝又下发谕令，禁止鸦片输入、禁止吸食鸦片，同时禁止内地栽种罂粟。之后，又勒令公行保商出具甘结，保证他们所承保的每艘船在到达黄埔码头时，船上没有装载鸦片。马士对甘结本身的评价是："甘结尽管是经常出具，但是它们却同当时的谕旨和法规一样的不老实和缺乏效力，并没有好一点，儿来船仍照旧携带鸦片。"1813年，嘉庆得知侍卫及官吏中也有瘾君子，于是下令重治吸食者：侍卫官员买食鸦片，革职，杖一百，枷

号两个月；军民人等杖一百，枷号一个月；太监枷号两个月，发往黑龙江做官奴。

1814年，嘉庆皇帝颁发谕旨，指出："鸦片烟这一东西，它的毒性是十分剧烈的，吸食的人都是邪恶的人，恣意妄为，什么都做，时间久了气血耗竭，一定使其寿命缩短。"这道上谕认为，鸦片是从海外先运到广东后，进入关口，之后再逐渐贩卖到各省。所以在海关上认真查禁，是禁烟比较易行的办法，如果外国商人仍有违反禁止走私鸦片的禁令，而与中国商人和百姓交易的，查处后按例治罪，这样就可以杜绝其来源，与在内地查处相比，实际上是一个事半功倍的办法。

但是这些禁令并没有起到什么效果。一方面，正像英国人自己所供认的："这笔出口生意，对于我们印度殖民地利益太优厚了，不能轻易放弃。"他们从此转而采取走私的办法，而走私鸦片的走私贩子们则通过贿赂手段，将鸦片囤储在澳门，然后用船载往黄埔码头，外国商人贩卖鸦片的船只公然停泊在黄埔港。另一方面，对于皇帝的谕令，地方并没有认真执行。自从1816年初，

嘉庆帝批准查禁鸦片烟章程后，虽然明令对进口船只进行搜查，但迟迟不见行动。1819年10月，有一只属于东印度公司"艾赛克斯导"的小艇，携带鸦片从黄埔开往广州，被海关检查发现了，而结果却只是由这条船的保商关成发花费六千元，买通清朝官吏就无事了。第二年春夏

之际，两广总督阮元开始采取了大规模的行动。这年3月，总督谕令鸦片船"老师傅号"必须驶离黄埔，并强调"不能用金钱改变这份谕帖"。同年4月和7月，总督和监督又发出谕帖，命令各行商检查所有船只是否携带鸦片，并要行商对所担保的船只负完全责任，否则将严惩不贷。不过，这仍然只是一种严厉警告，而并未见行商受到惩处。在长达一年的时间里，也未见搜查出鸦片。

1820年7月，嘉庆皇帝在热河去世，由第二子即位，从1821年起改元道光，是为道光帝。可怜的道光帝继承下来的江山，被马士称为是"一个荒淫而腐败的朝廷，一个无组织而贪污的政府，以及被叛乱弄成百孔千疮的帝国"。为了挽救这江河日下的清朝统治，道光帝一上任就点燃了三把大火：第一是整饬吏治；第二是财政节流；第三就是严禁有伤风化的鸦片烟。

　　1821年，有人揭发鸦片都流入山西了。道光皇帝受到了很大的震动，重申禁令，严禁囤放和销售鸦片。但是，这一禁令也未收到成效。1823年，两广总督阮元在奏折中说：当时在内港及黄埔、澳门、虎门各海口，"尚无偷透"，似乎从广州正式进口的商品中没有鸦片；而实际上，鸦片进口的主要途径是通过非法的走私，也就是鸦片趸船全都挪到了伶仃洋面上，那里水路四通八达，凡是福建、江苏、浙江、天津等地走私鸦片的人，都是在这里就地一手交钱一手交货，鸦片销售途径仍然像原来一样通畅，而且走私买卖的规模越来越大。

当时，英国的商人在珠江口岸的伶仃洋建立起新的走私据点，把囤放鸦片的趸船从黄埔移到伶仃洋面上，外洋运来的鸦片都存放在趸船上。在这里，日夜停泊着二十多艘趸船，存放海外运来的鸦片，并由兵船加以保护。当时，加尔各答的英国人报纸报道"在这里停留的各种大小不同的船只，有些是趸船，所载的主要货物是鸦片，这些船只多年都没有移动""自早至晚，走私船只从这些趸船上运走鸦片，来往不断""走到鸦片船上，到处都可以看到一种活跃的、发财的、买卖的气象。在甲板的一边推着巴特那和贝拿勒斯鸦片，另一边又推着摩拉瓦鸦片""你再举目一看，又可看到在船尾上，两千元一箱的洋银，不知多少箱，也有箱子里装着纹银的""当你看到船上这些财富,而且这些钱在表面上看是如此不经意地分散着,你便对这种贸易的规模之宏大、价值之重要,有很深的印象了"。

这些所谓的商人还勾结广州的地痞,以开店铺为名,暗中包售鸦片,这种黑店称"大窑口"。中国烟贩到"大窑口",交付现银取得提货单,凭提货单到更船取货。提出的鸦片由专门包办武装走私的船只——"快蟹"和"扒龙"等运回广州"大窑口"。然后再由内地的烟贩偷运到各地的"小窑口"。沿海一带负责查拿

烟贩的官吏，直至皇帝任命的海关监督、巡抚、总督，大部分表面上挂着禁烟的招牌，但因为私下里从中外走私贩子手中得到了大量的贿赂，便都包庇、纵容鸦片走私，有的官吏甚至动用官船供走私贩运。远在北京的一些衙门的大小官吏直到皇帝，也直接或间接地从鸦片走私中获得好处。这就使外国烟贩得以乘机破坏中国的禁烟条令。

在非法的鸦片贸易中，美国也充当了不光彩的角色。住在广州的美国商人，除奥立芬洋行一家外，全部是鸦片贩子。一个美国的烟贩说：从1821年到1824年，他平均每年从中国运走价值一百万银元以上的丝绸和棉布等商品，却从来没有装运过一枚银元到中国。美国贩毒集团为适应大规模走私的需要，还建造了许多"飞剪船"。这种船的船身狭长，长桨密布，很像一条蜈蚣。它航行的速度非常快，船上还装备了大炮等武器，当遇到中国水兵巡查时，就发炮射击, 逃窜而去。

这样, 鸦片贩子以伶仃洋上的鸦片趸船为总毒窟, 向中国内地撒开了鸦片走私网, 使鸦片输入量猛增, 到1839年全年偷运量增到四万多箱。英国

在鸦片战争前的四十年中, 总计运进中国的鸦片有四十二万七千箱, 从中国掠走白银达三亿五千万元。

## (二) 中英贸易地位的改变

鸦片走私给英国侵略者带来巨额利润。以1813年为例, 印度上等鸦片"公班

土"，每箱的生产成本为二百三十七卢比，东印度公司则以每箱两千四百二十八卢比的价格卖给烟贩子，利润高达九倍以上。其中，东印度公司获利最大，约得三分之二；其次是英属印度政府，其抽税税率为鸦片成本的百分之三百多，罪恶的鸦片贸易，使英国资产阶级扭转了对华贸易的逆差。伦敦的"印度与中国协会"主席、下院议员、资本家集团代表拉本德等人，在给外交大臣巴麦尊的信中高兴地说："自1837年7月1日到1838年6月30日，广州从英国进口的货物中，仅鸦片一项就占了三百三十七万英镑，抵消当年全部中国对英出口额

三百一十四万英镑还有余。"英国资产阶级的孟买商会在《致大不列颠各地东印度与中国协会书》中，美滋滋地赞颂鸦片贸易的好处时说："输出鸦片对于商务是有重大利益的，这就是把那个人口最多、资源最富的帝国的财富吸收出来。用鸦片换来的白银，则使英属印度的大片土地上出现了喜气洋洋、人丁兴旺的景象，使英国产品对印度的输出大为扩张，使海上航运与一般商务大为兴盛，并且，还给英属印度的国库带来一笔收入，其数超过整个孟买全省的田赋总额。"

鸦片贩子更是在这一非法贸易中大发横财。例如1817年，每箱鸦片在印度的拍卖价格为一千七百八十五卢比，而在中国的卖价则高达三千六百一十八卢比，两者差额为一千八百三十三卢比。扣除少量运费及其他支出，剩下的部分就是鸦片贩子们的纯利。自从1834年取消东印度公司的贸易垄断权后，鸦片贩子打着"自由

贸易"的旗号，更加放肆地走私鸦片。他们把鸦片从印度偷运到中国后，既不需要纳税，又能拿到中国烟贩的现金，坐收暴利。在广州开设怡和洋行的行主威廉·查顿和詹姆斯·马迪臣，都是靠走私鸦片发了财。查顿在给朋友的信中说："最好的年头，每箱可赚纯利一千元。"非法的鸦片贸易，使查顿从一个一无所有的人变为拥有百万英镑财产的富翁。而马迪臣满载着金银财宝回国后，当上了英国下议院议员，英王还封他为爵士，成为英国社会上层名流的头面人物。

多年前，马戛尔尼等人想扩大中英贸易，但失败了。令他们没有想到的是，这些走私商人却胜利了。走私导致鸦片市场急剧扩张，东印度公司甚至不得不赶紧扩大印度的罂粟种植面积，增加鸦片产量，以满足中国“消费者”的需求。

根据《剑桥中国晚清史》统计，在鸦片战争前，鸦片贸易占到中英贸易的一半以上，而在整个19世纪，鸦片是世界上最贵重的单宗商品。在19世纪的前四十年里，中国的大量白银开始哗哗地外流，对外贸易已经悄然发生了变化，由出超变成入超了。

## （三）中国的民弱、银荒与腐败

鸦片泛滥，使中国的民力、财力、军力大为削弱，清政府的吏治也更加腐败，社会风气败坏。

### 1.古老帝国里烟雾弥漫

最初的时候，由于鸦片的走私数量有限，烟毒问题更多存在于东南沿海地区。

然而，随着鸦片走私的猖獗，大量的鸦片流入中国，就像一股黑色毒流在中国的土地上泛滥、蔓延，烟毒逐渐扩大到内地十八省，深入到山西、陕西、盛京等腹地，并形成了贩卖鸦片、开设烟馆、制造烟具一条龙下来的贩毒组织机构。其中，开馆者并不仅限于大的都市和城镇，而且已经辐射到乡村市镇，在清政府统治下的中国，已经鸦片烟馆林立；贩卖者不仅有勾结外商、偷漏银元出洋的围贩户，还有包

揽一乡一镇，乃至一省和数省鸦片贩卖的人；制造烟具的人也是越来越多，他们制造的烟枪，以竹木、玻璃、陶器、象牙和金、银、铜、锡等金属为原料，不少烟枪经过点缀雕饰，而显得精致华丽。

同时，随着鸦片的大量输入，中国吸食鸦片的人数越来越多。关于近代中国到底出了多少烟民，从来没有一个确切的数字。1836年，有外国人估计中国有一千二百五十万人在吸食鸦片；1838年，林则徐认为有四百万人。不管怎样，其数目肯定是不小，可以说是烟民遍地。由于购买鸦片的费用很大，因此，吸食鸦片的人最初主要是那些清朝封建统治阶级及其依附者。据当时人说，京官中吸食鸦片的达百分之一二十，而地方衙门里尤其严重，大约在督抚以下的文武官员及衙门的上下人等中，一点

儿也不吸食鸦片烟的人，几乎没有。甚至道光皇帝在即位以前也曾吸烟成瘾。他曾自述："感觉到倦了的时候，吸上几口大烟，顿觉心神清朗，耳目怡然。"当然后来道光皇帝戒掉了烟瘾，但是在什么时候不得而知。

距北京咫尺之遥的天津，烟馆林立道旁，烟具陈列街前。京津的烟馆里，烟雾弥漫。吸食者横卧在床上，手握烟枪，面对鬼火似的烟灯，吱吱地狂吸。这些吸毒者多是夜间过瘾，白天昏睡，成为日夜颠倒的大烟鬼。对于此情此景，爱国诗人龚自珍痛心疾首地写下了这样的诗句："鬼灯队队散秋萤，落魄参军泪眼荧。何不专城花县去？春眠寒食未曾醒。"时人指出，这些原理只知道吃喝玩乐的腐朽官吏，已成为"鬼灯队队"的灯客，烟瘾发作时，涕泪横流，一副丑陋模样。

不仅许多文武官员成了大烟鬼，而且宫廷内部也有吸食鸦片的现象。1831年11月，揭发出来的宫廷吸食鸦片烟案，太监张进福吸食鸦片达三十余年之久，伙同吸食的人还有王子王孙及皇宫中的首领太监等人。

但随着鸦片的大量输入，吸食鸦片的人所涉及的范围也越来越广。军队中的将士，甚至社会上的游民、乞丐乃至和尚、尼姑等各个阶层，都有吸食鸦片的人。中国吸毒成瘾者越来越多，中国大地上烟雾越来越浓。

## 2.烟毒侵害使民众肌体衰弱

由于鸦片中含有剧毒,因此严重地毒害着人们的身体,吞噬着人们的灵魂,破坏了社会生产力,也使军队的战斗力被大大削弱了。

由于吸食鸦片的人一旦上瘾,可以不吃饭,却是非吸鸦片不可。以至于时间久了,吸食者本人身体日渐衰弱,委靡不振,浪费时间,不能工作。不同体质的人在吸食之后,几乎都走上了同样一条由强壮到衰弱、由衰弱到疾病、由疾病到死亡的自我毁灭之路。特别是吸食鸦片的士兵,渐趋失去战斗力。那时在清朝的军营里,人们可以看到一些官兵随身带着两杆枪,一杆是作武器的枪,枪尖生锈;一杆是吸鸦片的枪,却油光发亮。有人在一首诗中写道:"请君莫畏大炮子,百炮才闻几人死?请君莫畏火箭烧,彻底才烧二三里。我所畏者鸦片烟,杀人不计亿

万千。"

马克思在《鸦片战争史》一文里引英国人蒙哥马利·马丁的话说："同鸦片贸易比较起来，奴隶贸易是仁慈的，我们没有摧残非洲人的肉体，因为我们的直接利益要求保持他们的生命；……可是鸦片贩子在腐蚀、败坏和毁灭不幸的

罪人的精神世界以后，还折磨他们的肉体；贪得无厌的摩洛赫时时刻刻都要求给自己贡献更多的牺牲品，而充当凶手的英国人和吸毒自杀的中国人彼此竞争着向摩洛赫的祭台上贡献牺牲品。"可见，

吸食鸦片成为中华民族的一场灾难。

3.银荒下的财政经济困境

英国等国商人在走私鸦片中,都是以白银作为流通货币。1800年,两广总督吉庆就曾经指出,鸦片贸易是"用外夷的泥土来交换中国的白银",鸦片走私导致白银大量外流。从1820年到1840年的二十年间,中国白银外流量超过一亿元,每年平均约五百万元,相当于中国当时白银流通总额的五分之一,相当于清政府每年总收入的十分之一。随着白银的大量外流,中国国内流通市场白银供不应求,使中国出现了严重的白银短缺现象。结果,不仅国库空虚,而且随着白银的外流,银价上涨、钱价下跌,带来了严重的社会问题。

当时中国通用的货币是白银和制钱。银、钱并用,不分主币、辅币,其银钱比价能否稳定在法定比价,就取决于白银是否丰足。制钱是一种圆形方孔的铜钱,每一

枚称一文，这是日常大量流通的货币，为
民间老百姓所通用。但政府的各项收支
如税收等，却都是以纹银为准。老百姓
完粮纳税时，都按照银价兑应的铜钱数
目进行缴纳。由于鸦片吸走白银，引起银
价上涨。譬如，一亩田假设需纳税白银一
两，如果当时一两白银相当于一千文铜钱
的话，老百姓应向官府缴纳一千文铜钱
即可。从鸦片战争前的四十年来看，1800
年左右白银兑钱不到一千文，而到了1821
年至1838年间，白银兑钱从一千二三百文

升至一千六百余文。广大农民和手工业者将仅有的少量农副产品出售，只能换回制钱，而缴粮纳税又必须折合成银两。这样，银价的上涨使农民原来卖一石粮食可以缴纳的捐税，非得出卖两石粮食不可。劳动人民的负担大大加重了，生活愈加贫困。所以，鸦片走私，归根到底，直接受害的是广大劳动人民。

由于鸦片泛滥，中国社会有限的购买力大量地被鸦片取代，造成了工商业的普遍衰落和萧条。当时，中国工商业比较发达的地区是广州和江南。广州的行商因银两渐少，生意困难，赔累不堪，就大量拖欠外商债务，以致破产。如兴泰行和万源行就是因为无力还债而倒闭的。

江南地区也同样是一派凋敝景象。1838年，一位清廷大员在长江中下游著名商业区调查以后这样写道："苏州的南滨、湖北的汉

口，……近来各种货物的销路都是疲软。在二三十年以前，货物的交易额大约有一万两银子，现在只剩下一半的数量了。如果问那一半的钱去买什么货物了，可以用一句话概括，那就是都用来买鸦片了。"鸦片贸易吸去了人们对一般商品的购买力，夺去了普通商人的生路，使中国的社会经济更加衰败。

### 4.清王朝吏治腐败加剧

在清朝的康乾盛世之后，清政府在政治上出现了腐败的现象，尤其是吏治的腐败十分严重，贪污受贿盛行。而鸦片走私则使得吏治的腐败进一步加

剧。

马克思说过："资本如果有百分之五十的利润，它就会铤而走险，如果有百分之百的利润，它就敢践踏人间一切法律，如果有百分之三百的利润，它就敢犯下任何罪行，甚至冒着被绞死的危险。"而鸦片走私这一可以带来丰厚利润的东西，无疑会吸引那些唯利是图之人，甚至清政府地方上的一些缉私官员也参与走私。清王朝的官府衙门中，大部分人都直接或间接地与鸦片有关。他们或吸食、或贩卖、或受贿包庇。在清皇宫的所在地北京，有些烟馆正是官府人员开设的，甚至是直接参与走私。在鸦片走私的集中地广东等省，问题更加严重。

鸦片贩子以贿赂的手段收买清朝政府的官员，使他们从鸦片走私中得到了好处。以广东为例，广东水师缉私队几乎变成了鸦片走私的护航舰队。1826

年，两广总督李鸿宾曾大模大样地声称设巡船缉私，但巡船却每月收受规银三万六千两，放私入口。李鸿宾手下的水师副将韩肇庆则专以护私渔利。他与洋船商定，每箱鸦片收五元至十元，并从每一万箱鸦片中抽取数百箱交水师"报功"。更有甚者，水师船只竟然代运鸦片入口。结果，韩肇庆不仅未被查处，反而以缴烟有功，晋升为总兵，赏戴孔雀翎。福建的水师官兵，也是一片腐败现象，其收入十分之几来自规银。如此腐朽败坏的吏治，怎能阻止鸦片的源源而来？因此，鸦片之灾不但没有被禁止，反而在鸦片战争前的五十年里愈演愈烈：1890年是四千箱，1835到1839年间，已经剧增到每年近

四万箱。在鸦片毒水的腐蚀下，清政府的贪风更盛，吏治更坏。所以马克思指出："中国人在道义上抵制的直接后果是英国人腐蚀中国当局、海关职员和一般的官员。浸透了天朝的整个官僚体系和破坏了宗法制度支柱的营私舞弊行为，同鸦片烟箱一起从停泊在黄埔的英国趸船上偷偷运进了天朝。"

# 三、"弛禁"与"严禁"

  清朝雍正、乾隆、嘉庆三位皇帝的禁
烟令曾经先后传遍全国，但怎么也遏止
不了鸦片的泛滥，数以千万两计的白银流
向西方。之后登基的道光皇帝惊恐地发
现国库银子的来源正在枯竭，自己是个
穷皇帝。为了树立节俭的典范，他穿起打
上补丁的龙袍上朝。尽管力图通过白银与
铜钱的兑换比例，来增加税额，但是，国
库并未充裕，人民生活困苦，社会动荡不

安。所有这些都与鸦片吸走白银有密切关系。因此，禁烟势在必行。而道光皇帝为了避免白银大量流失，几乎年年都发布禁烟令，然而均不见成效。1831年，他的禁烟令曾一度在全国掀起禁烟飓风。事过以后，鸦片输入反而由这年的一万六千多箱增至1832年的两万一千多箱，此后还在继续猛增。面对这种情况该怎么办呢？一场关于如何禁烟的辩论赛由此展开。

## （一）"弛禁"派主张鸦片贸易合法化

面对鸦片禁而不绝的现实，清政府内部出现了弛禁主张。最初，广州士人吴兰修写了一本《弭害论》，说只有让鸦片贸易合法化，才能走出困境，保住白银不外流。而1834年，道光帝听说鸦片趸船长年驻扎伶仃洋上和中国的快艇飞行出入运输鸦片的事，责成两广总督卢坤和粤海关监督彭年驱逐趸船，严拿快艇。两位向皇上上奏，认为鸦片根本无法禁绝，同时把广东士绅的民间舆论以粤士私议的附片夹送上去，以试探道光的态度，道光没有表态。由于皇帝正在努力禁烟，要找一个敢唱反调的也不容易。但太常寺少卿许乃济赞成弛禁。事实上，许乃济曾任广东按察使，吴兰修《弭

害论》的出笼就与他有关。他曾与顺德的何太青议论鸦片问题，两人都主张弛禁，吴兰修根据他们的观点写成《弭害论》。

1836年6月，许乃济根据《弭害论》写成《鸦片烟例禁愈严流弊愈大亟请变通办理折》，并把这个奏折呈给了道光皇帝。在这个奏折中，许乃济告诉皇帝：走私鸦片是想禁也禁止不了的，而且会越禁越多，地方的官吏受贿越多，走私犯运鸦片的方法也就越多，总之，禁烟简直是徒劳无功的事。那么怎么办呢？他说，鸦片不用禁止，因为鸦片和白酒以及药用的乌头、附子一样，虽然带有毒性，但并不会使每一个人都短寿夭折。况且由于中国人口繁殖太快，即使抽烟的人都死掉了，也不会有减少户口和收不上租税的忧虑。因此现在唯一的良策，就是允许外国鸦片按照进口药材的办法合法进入中国海关。入关以后，只准以货易货，不得用银购买。如此办理不仅能够消除鸦片走私的现象，还能让海关增加税收来充裕国库。与此同时，中国要自种鸦片以便把外国鸦片挤出去。此外，禁止吸食鸦片也要区别对待，因为嗜食鸦片的人都是"游惰无志，不足轻重之辈"，文武官员及其子女、兵丁等一律不能抽，违者要受处分；民间百姓愿抽的，就让他们"合法"地抽吧。总之，他认为只要禁官不禁民，只要禁白银的外流而不禁鸦片贩运和种植，这样就可以解决统治危机和财政危

机。

许乃济的奏折是对近一个世纪禁烟失败的哀叹。为了统治集团的私利——白银，他竟然不惜牺牲国家和民族的利益，鼓吹鸦片贸易合法化。当时，在上层官僚界里，弛禁派的势力很大，军机大臣穆彰阿、直隶总督琦善、吉林将军祥康、云贵总督伊里布等人，都属于这一派。他们一方面因为自己本身抽烟，唯恐断了烟源；另一方面也是为了不断从鸦片贸易中得到大量的好处，所以公开反对禁烟，私下保护甚至窝藏烟贩。弛禁派单从遏制白银外流出发，而没有考虑到鸦片对民众和社会的危害。这是一种"饮鸩止渴"的主张。

这种片面主张得到了外国鸦片贩子的欣赏，英印政府管理下的鸦片贩子举双手欢迎许乃济的弛禁鸦片论。英国报刊追述许乃济奏折的反响时说："加尔各答的烟商对这个展开在他们面前的佳景是怎样心荡神驰啊。"而一位外国烟贩说：这个奏折是"立论既佳""文字也极清楚"的"聪明办法"。

### （二）"严禁"派的主张

那么清政府的最高统治者道光皇帝此时是如何看待这个奏折的呢？他是一个钟摆式的皇帝。刚开始，道光看了这道奏折后，并没有治许乃济犯上的罪过，毕竟他这是在帮助自己找回白银。并且下了一道圣旨，让广州当局调查一下，拿出一份弛禁的具体方案来。广州当局立即办好，奏报给朝廷。但是，有良知的爱国官员纷纷起来反驳许乃济的观点。

1836年9月11日，内阁学士兼礼部侍郎朱嶟、兵科给事中许球、江南道御史袁玉麟在各自的奏文中分析了鸦片输入的危害，指出：昔日荷兰侵略爪哇，首先诱使爪哇人吸食鸦片，使其国贫民弱，然后将其灭亡。现在英国向中国输入鸦片，也是出于同样目的。针对许乃济的弛禁主张，他们指出：如果不禁止鸦片的销售，怎么能禁止人吸食呢？官员、士兵皆出自民间，所谓只禁官兵吸食，岂不是掩耳盗铃？提倡内地种植罂粟，岂非"夺农工而耗本计也"？明知鸦片为毒人之物而任其流行，并且

靠征毒品税充裕国库，实在是"绝民命而伤元气也""殊失朝廷爱民之意"，岂不坏了堂堂天朝的体面和名声。许球还旗帜鲜明地提出：将英国著名烟犯查顿等人"查拿拘守"，勒令其保证不再贩运鸦片到中国来；并给夷国王写信，声明夷国民倘若再犯，定当正法。接着，御史袁玉麟也上奏，说借鸦片以害中国，本是外敌的阴谋，如果自行开禁，岂不是撤樊篱而饲虎狼？总之，必须严禁鸦片。

在主张严禁鸦片的人物中，鸿胪寺卿黄爵滋和林则徐是两个重要的代表人物。道光十八年（1838年）四月，黄爵滋上奏道光帝：现在各省穷困，官吏亏空，商民交困，都是因为银价飞涨，钱价急跌所导致的。从前市场上纹银每两可兑铜钱一千文，现在兑银一两要一千六百文。而银少价升的原因，主要是因为广

东洋船带来的鸦片烟盛行，导致纹银偷漏出洋，有去无返，一天比一天严重。鸦片烟来自英吉利，洋人严禁自己国家的人吸食，却专门引诱他国，既消耗别人的财富，又让那里的人身体虚弱。如今鸦片蔓延中国，实在是自古以来没有过的大患，这个祸害比洪水猛兽还要厉害得多。

1838年6月，黄爵滋上了一道奏折，题名为《严塞漏卮以培国本疏》，再次痛陈鸦片泛滥的危害，鉴于形势严重恶化，着重讲了鸦片贩运、吸食与白银外流、财政严重困难的关系问题。他认为："耗银之多，由于贩运之盛；贩运之盛，由于吸食之重。无吸食自无兴贩，则外夷之烟不来矣。今欲加重罪名，必先重治吸食。"建议禁烟从"重治吸食者"入手，命令所有吸食者在一年内戒除吸食鸦片的习惯，否则处以死罪。过期仍吸者，平民处以死刑，对那些吸食鸦片的官吏更要从重治罪，而且他们的子女孙辈不得参加科举做官。显然，这个异乎寻常的建议，是针对大批吸食鸦片的官吏的。他还讲了一个故事："爪哇人本来是轻捷善斗的种族，红毛人（荷兰）制造鸦片，诱使

其吸食，因此精神大衰，终被征服。红毛人在本国有吸食者，则在众人围观之下，将他绑在桅杆上，用炮击入大海，所以没人敢吸食鸦片。"然后，他在奏折上对皇帝说："像外夷那样的情况都能令行禁止，何况皇上您这样具有雷霆之威，只要龙颜震怒，任凭什么样的愚顽之人也都会戒除吸食鸦片的。"

而此时的道光看到有更多的大臣反对"弛禁"，他从弛禁论摆向严禁论。毕竟他也深知鸦片是慢性杀人的刀子，允许它在本国合法贸易将会遗臭万年，尤其是在看了这些反对"弛禁"的奏折后，他似乎又觉得"体面"比白银更重要一些，于是也开始不赞成弛禁。但仍未最终下定决心,于是便把黄爵滋的奏折转发各省总督巡抚,要他们各抒己见。

　　不久即收到了二十九份复议的奏折,其中,没有人公开反对严禁,而是从不同角度提出禁烟的办法。赞同禁烟不赞同"吸食者罪以死论"的占大多数。其中,直隶总督琦善的观点颇具代表性。琦善明确表示反对尽诛吸食者,认为:福建广东的吸食者十之九八,十万人恐不能尽也。天朝以德治国,小民一命虽微,但也不能乱杀。琦善还重申封关禁海政策,提出只要不准通商,鸦片就不禁自止了。他反对重治吸食,说如果连抽鸦片的人也要处死,那么对贩卖鸦片的人又该如何治罪呢?如果这样办下去,

全国岂不成了一座大监狱，因此断断不可施行。应听任吸食者自己禁烟，待一年半载后，买不到鸦片就自然戒掉了。他这是在为皇亲贵族、文武官员中抽鸦片的人辩护。陕甘总督瑚松额则认为，治国之道，安内必先攘外，主张率船巡查海口缉私，以杜夹带之弊。赞同黄爵滋主张的仅有八个人，虽然人少势小，但他们据理力争，义正词严。其中林则徐的复奏对重治吸食的主张大加赞许。

湖广总督、福建侯官（今福州市）人林则徐这时正在西湖地区雷厉风行地禁烟，其成效尤为显著。1838年9月，他上了一道奏折，题名《钱票无甚关碍宜重禁吃烟以杜弊源片》，揭露鸦片受贿集团和吸食者的关

系,并进一步阐明了"重治吸食为先的道理"。他说卖梳子的不会跑到和尚庙里去,果真禁绝吸食,谁还会开馆贩运?同时他再次警告道光皇帝,鸦片危害极大。他说,在鸦片盛行以前对抽鸦片者处以棍棒肉刑或充军还可以抵其罪,这是因为鸦片只害了他自己。现在不同了,鸦片泛滥中国,抽鸦片不仅害了自己也害了国家,再不法当从严,后果就可怕了。他说:

"如果依旧不当一回事地对待抽鸦片的人,让他们抽下去,那么,只怕几十年后,中国将找不到可以抵抗敌人的军队,也将找不到可以充作军费的白银。每当想到这里,能不恐惧得双腿发抖吗?"过去,人们仅仅从白银

外流以及鸦片的伤天害理论其危害，林则徐则从更深的层次向皇帝敲响了银荒兵弱而可能亡国的警钟。军队和财政是关系到封建统治阶级生死存亡的重要问题，林则徐则抓住这一要害来说明禁烟的重要性。

而真正引起道光皇帝重视、让他幡然醒悟的很可能也就是最后这几句话。道光皇帝边读边用朱笔圈点奏折里的警训,又开始觉得似乎还有比"体面"更重要的东西,那就是他的宝座和江山的安危。清醒之后,道光停止了在弛禁与严禁之间的徘徊,定格在了禁烟那一方。于是,他决定严禁鸦片,并逐渐形成了内外并治,也就是以杜绝来源为先的查办海口走私,与重治国内兴贩开馆者、吸食者结合起来的禁烟主张。为了表明自己的态度,他首先拿皇室人员开刀。他听说庄亲王奕赉、辅国公溥喜经常躲在尼姑庵里抽鸦片,气得直骂他们"实属藐法无耻",革掉了他们的爵位。同时,许乃济充当弛禁派代言人,也受到降职处分。接着,这位皇帝把禁烟锋芒指向广州,力图拔本塞源,将鸦片永远堵在国门之外。

派谁去禁烟呢?道光皇帝选中了林则徐。从外国人马士对于道光的禁烟评价中可以看出其选择林则徐的原因,马士说:道光的"动机是

纯洁的，他的诚挚是毫无疑问的，可是他的任务是没有希望的"，因为他只是"凭着皇帝权力的应用，严刑峻罚的任意施行以及一种镇压政策的采用，默从禁令可以暂时在局部地区得到实行——只要镇压不停止而且在那些地区可以物色到一位忠实而热诚的官员来承旨奉行的话。"

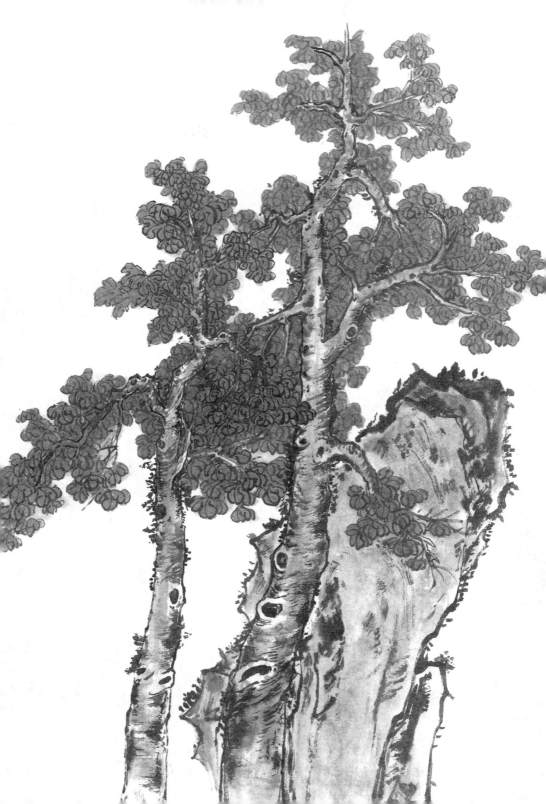

# 四、林则徐广州禁烟

作为道光皇帝心目中的最佳人选，林则徐走马上任到广州查禁鸦片。其广州之行，不仅有外国鸦片贩子的阻挠，也有清政府内部一些官僚的阻碍。但所有这些都未能动摇林则徐禁烟的决心，当他到广州之后，立即采取了坚决的行动，对鸦片贩子予以有利的打击，与之展开了没有硝烟的较量。

## （一）林则徐受命

林则徐对鸦片烟毒的泛滥深恶痛绝，坚决主张禁绝鸦片。早在1823年，担任江苏按察使时，他就严厉打击开设鸦片烟馆的恶棍。1832年，担任江苏巡抚后，他更进一步提出了严厉禁烟的措施。1837年，调任湖广总督后，他继续在二湖地区开展禁烟运动。他在武昌、汉口、长沙等地设立了禁烟局，张贴告示，严令禁烟，短期内在武汉三镇拿获及收缴烟土膏一万二千余两，烟枪烟斗两千多杆。有些鸦片贩子闻讯而逃，吸烟的人也开始戒

烟。林则徐甚至还自己出钱配制大量"断瘾药丸"，强迫吸鸦片的人服用，并收到了良好效果。湖广禁烟的初步胜利，使林则徐更加坚信鸦

片祸害一定可以根除，社会风气也可以大大转变。

1838年11月，道光皇帝召林则徐进京，讨论禁烟问题。1838年12月26日，林则徐到达北京。从第二天起，八天之内，道光连续八次召见，一天一次。道光皇帝还宣旨授予林则徐"紫禁城赐骑"，准予臣下在皇宫内骑马，实属罕见，连林则徐自己在日记中都说："外僚得此，尤异数也。"由此可见，皇帝对他的信任。但林则徐是南方人，又是文官，不善骑马。第四天召见，林则徐骑马进内，据说道光皇帝都觉得好玩儿，特地跑过去观看林则徐骑马的样子。估计是看到林则徐真的不会骑马，于是道光皇帝又特别有人情味地准许林则徐乘肩舆。肩舆是一种椅子轿，就是在八人抬的轿子上面放置一把椅子。坐在上面进出紫禁城，这也是

一种前所未有的特例。当时的人曾经评价说："这是开国以来从未有的事情，而林则徐破格得到了。"以上这些荣誉足以说明，道光皇帝对林则徐相当器重，也说明他把自己全部的希望寄托到林则徐身上了。林则徐所受到的这些优待，不能不为当时的一些满族重臣所嫉妒，据说穆彰阿就有些不高兴，"枢相也为之动色"。因此，有人已经开始为林则徐担心了。

同年12月31日，道光皇帝任命林则徐为钦差大臣，节制广东水师，前往广东办理禁烟事宜。同日，还颁布了《钦定严禁鸦片烟条例》，令各省遵行。从此，一场轰轰烈烈的禁烟运动，在林则徐的领导下开展起来了。

当时，禁烟是一项十分艰巨的任务。英国侵略者和中外鸦片贩子为了牟取暴利，不会轻易放弃鸦片贸易，他们采用武装走私和贿赂清朝官员等手段，抵制禁烟。清政府内部那些腐败的大小官僚及其附庸们，有的借鸦片走私而舞弊受益，有的嫉妒林则徐的声名，更是或明或暗地破坏禁烟。在北京，一些清廷大员们也或明或暗地阻挠禁烟。早在12月22日，林则徐应诏北上，途经直隶安肃县时，直隶总督琦善就特意从北京赶来，向林则徐游说，两人在行馆内谈到深夜。琦善用禁烟会引起边衅为由，企图动摇林则徐的禁烟决心。林则徐受命钦差大臣之时，首席军机大臣穆彰阿在朝廷上不敢冒犯皇帝的尊严，罢朝后，却对林则徐面动难色，口吐危言。因此，朝野中的有识之士很为林则徐的前途担忧。龚自珍亦为林则徐的安危担忧，他提议林则徐带重兵巧匠，一旦发生战争，便可及时还击，更愿随林则徐一同南下，但林则徐不愿他卷入政治旋涡，于是婉拒了龚自珍的好意。林则徐深知阻力重重，但他把个人的生死荣辱置之度外，仍然抱

定"冀为中原除此巨患"的决心，一定要为中华民族除掉烟毒这一祸患。接到道光皇帝的任命以后，1839年1月8日，林则徐毅然踏上禁烟征途，在北风呼啸中辞别京都，奔赴广州。

## （二）广州民众的禁烟热潮

广大人民群众对英国谋财害命的鸦片贸易，早就非常不满，他们坚决主张禁止鸦片输入。民间许多揭帖,控诉洋人明知鸦片有害,却要大批运进中国,害我百姓,骗我钱财。他们把罂粟叫做"妖花";把外国佬叫做"洋鬼",称鸦片贩子为"老鼠"。内地广大人民甚至要求除去烟鬼的上唇,以防其再吸食。1838年下半年,道光皇帝支持禁烟的态度明朗后,不少省份开始收缴鸦片。1838年9月至1839年4月,湖南、湖北、江西、广西、贵州、浙江、河南、山西、盛京、直隶等省,纷纷上报缴获烟土、吸食人犯和铲除罂粟秧苗的情况。湖南、湖北短期内收缴烟枪四千七百余杆,大沽口一次就拿获烟土十三万一千余两。

广州当时是中国对外开放的唯一口岸,也是外国侵略者进行贩毒活动的中心,因此广州人民反对鸦片的斗争最为激烈。

1838年秋冬之交,虎门一带的

渔民、农民自发组织起来，发现走私的"快蟹"船后，立即吹响螺号，集合渔船，前后拦截，顺风纵火，先后烧掉敌船数十艘。人民群众称呼这一斗争是"蒸大蟹"。他们还到伶仃洋去"打鬼蜑"，就是袭击鸦片蜑船。广州城乡各地，不断出现捣毁转贩鸦片的"窑口"和吸食鸦片的烟馆的事情。一天，正当一烟馆里烟雾弥漫的时候，附近的农民突然闯进去，砸碎烟灯、踩断烟枪、捆起烟贩示众，烟鬼们吓得四散而逃，围观的人们个个拍手叫好。

1838年12月12日，广州爆发了万人大示威。这一天，广州地方政府处决了一名中国烟贩，但英国、美国鸦片贩子无视中国主权，竟

然动用暴力捣乱刑场，破坏
查禁鸦片的活动。于是，广
州近万名群众自发集合起
来，占据广场，举行示威，
包围了外国商人居住的洋
馆，用砖瓦石块还击外国暴
徒的蛮横行动。英国驻华
商务监督义律感到形势不
妙，吓得在12月17日召开广
州外国商人紧急会议，并
偷偷告知鸦片走私船在三

天之内溜出虎门。这次广州万人大示威，
表现了中国人民对外国侵略者的极大愤
慨，也反映了中国人民禁止鸦片的强烈要
求。

### （三）林则徐禁烟举措之对内严打

1839年1月8日，林则徐离京南下，发
出声明，称此行连跟班带厨师，就十个

人，并无前站后站之人，如有借名影射，立即拿下。所雇夫价轿价均已自己发给，所有尖宿公馆，只用家常便饭。跟班人等，不许暗收分毫站规、门包，需索者即刻扭送禀报，私自送物者定行特参。由此，也可以看到林则徐在努力克服腐败的基础上，要达到真正禁烟的目的。

1839年3月10日，经过两个月的旅程后林则徐到达广州，受九响礼炮之礼，所有广东高官皆来迎接。他们是两广总督邓廷桢、广东巡抚怡良、水师提督关天培、海关监督豫厚庵、广东将军德克金布等。成千上万的人挤满了珠江两岸，人人争睹

钦差的风采。美国商人威廉·亨德也在附近观礼，他留下了有关林则徐相貌的重要文献："气度庄重，表情相当严厉，身材肥胖，上唇浓密的黑短髭，下巴留着长髯，看来六十岁左右。"

林则徐首先参观了越华书院，并题了一副对联："海纳百川，有容乃大；壁立千仞，无欲则刚。"第二天，林则徐在辕门外贴出了两张告示，一张是《收呈示稿》，另一张是《关防示稿》，它们都是采取禁烟行动的先声。这两个告示是林则徐作为钦差大臣向广州官员、百姓和外国人的首次公开亮相，它不仅再次以清廉形象告白天下，而且是为了驾驭极其复杂的局面。在示稿中，林则徐宣明钦差大臣到

广州的目的是查办海口事件，因此，所有随从人员，不许擅离左右；派往行辕供事的书吏，在公馆内给予伙食，不准借端出入；凡文武官员因公禀报者，随时接见。可见，这与过去政府的官不太一样。尽管在林则徐的要求下官僚主义作风、吃喝拿要、坑蒙拐骗等封建体制下的官场弊端也可以暂时消失，但这对于清王朝来讲，是一种不正常的、偶然的、个别的现象。广州人民终于大开眼界，现在看见一个百年不遇的清官了。面对这么一种不正常的现象，洋商们也感到不可思议，所以在等待钦差大人的下一步动作。

　　林则徐接下来的行动则是开始明察暗访，他把有关行商、散商集中到行馆附近寄宿，会见了许多了解广州情形的人士，商谈禁烟的办法。他广泛会见文武官员、友人、旧属、同乡，了解情况；雇用两个长期在商馆为外商烹调的厨子到行馆内备办伙食，就近查询外国鸦片贩子的

活动踪迹；身穿便服到船户、渔家中去，
搜集情报。

　　林则徐以检查学业为名，召集粤秀、
越华、羊城三个书院六百名学生考试。不
过，这次考试与以往不同，实际是问卷调
查，向他们了解鸦片走私、烟馆开设和英
国船只贩运鸦片的情况。试卷里面写道：
可以不答试题，但必须把自己所知道的

烟贩的行为、住址和活动情况写明，对官兵走私、受贿的内幕，更要写清，不得隐瞒。书院的学生来自四面八方，知道的信息多，又大都思想活跃，对鸦片走私深恶痛绝，因此为林则徐提供了许多有价值的情报，使林则徐掌握了所有烟商、贪官污吏的名单。

同时，林则徐刊行《禁烟章程十条》，具体内容是：限期在两个月内，让吸食的人断掉烟瘾，并欢迎大家举报，举报者有奖,如果搜出真赃实据,被告发之人的全部家产都奖励给举报者。下级可以举报上级,举报成功的人,可以提拔他的干部级别。兵丁可以直接进百姓的家里,实行入室搜查烟土烟民。百姓、兵丁、学生、出洋船户之间普遍实行五家连环互保,用林则徐的话讲就是"一人之瘾,众人断之",没有人敢担保的人,就很可能是吸食鸦片的人,立即给拿下,进行审讯。考虑到官方的力量有限,更考虑到民对于官的畏惧,林则徐运用了地方士绅力量。在官办收缴总局之外,另设由士绅办理的收缴总局。

在林则徐的努力下,截止到5月12日,两月的

对内行动中，捕获吸毒、贩卖鸦片的人一千六百名，收缴烟土烟膏四十六万一千五百二十六两，烟枪四万两千七百四十亿杆，烟锅二百一十二口。

### (四) 林则徐与走私贩子的较量

自1839年3月18日开始，林则徐开始采取对外的禁烟行动。其行动以对内开始，但最终与外国的鸦片走私贩子进行了较量，并迫使英国和美国的鸦片贩子交出了大量鸦片。

1.钦差大臣禁烟谕帖的下达

林则徐首先会同邓廷桢、怡良等人，

传讯以伍浩官为首垄断对外贸易的十三洋行的行商，对他们进行训话，并发出《谕各国夷人呈缴烟土稿》，要他们责成外国商人早缴鸦片。在这篇文稿中，林则徐首先责备行商们现在巴结夷人，令人感到羞耻，尤其是指出行商们只知道为了自己的利益巴结外夷，而如果皇上一动怒，断绝

贸易，各国夷人连一分钱都得不到，对他们没有任何好处。而且，中国近来因为鸦片耗银无数，皇上责备大小官员甚是严厉，行商却依然藏污纳垢，"实堪令人切齿"。鸦片入境，与行商不无干系。既然不告发，必是洋商同谋。"本大臣奉命来粤，首办汉奸，该商等未必非其人也"。

然后，要行商们去夷馆，让洋商交出鸦片，"由洋商查出何人名下，缴出若干箱，统共若干斤两，具造清册，呈官点收，验明毁化，以绝其害。不得丝毫藏匿"，限行商们三日内完成。如办不好，"则其平日串通奸夷，私心外向，不问可知。本大臣立即恭请王命，将该商择尤一二，抄产入官"。行商商总伍浩官在钦差训完话后，企图以巨额贿赂收买林则徐，声言："愿以家资报效。"林则徐听后勃然大怒，说："本大臣不要钱。"

之后，林则徐拿出那份专给夷人的谕帖——《谕各国夷人呈缴烟土稿》，责令行商伍绍荣拿给洋人看，其内容主要是：准许夷人来广州通商，这是大清皇上对夷人的恩惠，如果再不改正错误就要封港；皇朝原先法令较宽，没怎么管过鸦片贸易，但现在人心所共愤，天理所难容，皇帝也震怒了。考虑到夷人是远道来，不忍不教而诛，所以赶紧把鸦片呈交出来。只要交了鸦片，以前的坏事就概不追究，而且林则徐向朝廷请示获准，宣布："凡夷人名下缴出鸦片一箱者，酌赏茶叶五斤。"但须出具中、英两种文字的书面保证，保证今后来船

"永不敢夹带鸦片，如有带来，一经查出，货尽没官，人即正法，情甘服罪"。林则徐正义凛然地宣布："若鸦片一日未绝，本大臣一日不回，誓与此事相始终，断无终止之理。"并警告外商："倘若不知改悔，唯利是图，非但水陆官兵，军威壮盛，即号召民间丁壮，已足制其而有余。"

**2.外国"烟商"最初的阻挠**

此时的商馆内, 还有洋人在给钦差大人估价呢, 认为三十万两银子大约能买通。直到此时, 他们仍不相信中国的禁烟是要认真执行的, 因为按照他们的经验, 天朝官员从来没有真正禁烟。他们仍然认为这次禁烟不过是以往禁烟的继续, 不会有什么压力, 认为交少量鸦片给林则徐交差便了事, 于是采取拖延手法。最后, 大鸦片贩子颠地提出的反对缴烟、拖延明确答复的建议被一致认为比较好, 就通过行商转达了他们对于林则徐谕令的回复说: 这个谕令既然如此严重, 包括着各方面的利益, 必须详加考虑, 尽早答复, 但不能马上回答, 需要成立委员会作报告, 七日内回复。看到这个回复, 林则徐非常气愤, 于3月21日宣布, 如再不交烟, 他将于22日早上十时到达商馆, 并将一两名行商开刀问斩。美国烟商表示愿遵林则徐指示, 遭颠地阻止。接着, 他们又虚报鸦片存量, 撒谎说只有一千零三十七箱, 并

假惺惺地保证以后再不把鸦片投入口内，企图蒙混过关。

邓廷桢指出，靠这么点鸦片是不能蒙混过关的。同时，林则徐听南海、番禺二知县报告说，美国鸦片贩子本来是想交烟的，阻挠者乃是颠地，于是他决定逮捕颠地。命令下达给了南海、番禺二知县："该夷颠地诚为首恶，断难姑容，合亟札饬拿究。"同时正告外商："速将颠地一犯交出，听候审办。"23日上午，被钦差摘了顶戴，同时项上戴了锁链的伍浩官、卢茂官两人出现在外商面前，并宣布，如若再不前来，将强行拘拿。当晚，整个商馆成了不眠之馆，夷人们甚至有准备后事的倾向。有意

思的是，颠地以3月24日是星期天为由，拒绝和天朝官员交涉。钦差大人只好依了他，同意休假一天。这一天，虽是休假，但是洋商们根本没有休闲的心情。

3.林则徐与义律的较量

此时，英国驻华商务监督义律在3月22日看到林则徐谕帖的抄本。他当即写信给两广总督："军队、战船、火舟及其他威胁性准备的集合，事非寻常，本人深感不安，尤其是在广州商馆前面行刑的事情，既是创举，又没有得到解释，对于本省当局处理各事一向和平而公正的信念已经化归乌有，现在特以本国国王的名义质询贵总督，是否想同在中国的英国人和英国船只作战。"他写信给巴麦尊，说自己"确信坚决的语调和态度将会抑制广东省当局轻举妄动的气焰"。23日，他再次发出通知，认为广东当局最近的行为"纵然不是公开的战争行为，至少也是战争迫近和不可避免的前奏"。之后，义律起程回广州。24日下午六点到达广州后，迎接他的夷商们一阵欢呼。义律到达商馆后，亲自保护颠地，把颠地放在自己的办公室，并让行商传话，只要钦差大臣给个盖有他钦臣关防大印的明文约定，不让他与颠地分离，他可以陪颠地进城见官。

针对义律的举动，林则徐采取了针锋相对的行动，封锁广州海岸，围困十三行。义律一听到十三行被围困，立即赶来，见十三行皆有人把守，便提剑闯入，看守人只得放行，但绝不让他走出来。商馆前的广场上，看不到一个中国人；商馆里的中国买办和仆役，被林则徐全部撤走。钦差还规定，凡是私自与外国人打交道，哪怕就是租屋、租船给他们，统

统是汉奸，"照私通外国例治罪"。商馆就这样被戒严了。义律住宅门口，站着全体行商，行商身旁是大群卫队，卫队手里的刀统统出鞘。林则徐除了拿行商示范外，在25日还做了其他布置：防止夷商逃跑，防止夷船前来救援，防止中国奸民与夷商通信。据传，有一个中国船夫，只因带了一份欧洲文字的书信就立即被处死了。让夷商烦恼的还有生活方面，仆人全都被撤走了，十三行内的三百五十名外国人，只得亲自去烹调、洗涤、铺床、擦灯、挑水，做平时根本不用动手做的家务。

在商馆被围三天后，3月27日，义律

以英国政府的名义，劝告英商们把鸦片交给他，然后由他交给中国政府。英商们一听高兴极了，答应交出比手中更多的鸦片，有人连路上的鸦片及在福建沿海的鸦片也一并报上。至于美国鸦片贩子，本与义律不沾边，但也乐意听从义律的指示，把鸦片交给了义律。当然，鸦片贩子们对义律那种模糊的政府担保的许诺并不完全放心，所以事后他们搞摊派，每缴一箱烟，摊派一元钱，如此集资两万，送给早已回国的查顿，作为他争取政府答应赔偿烟价的活动经费。

3月28日，义律"敬禀钦差大人"表示要上缴鸦片两万零两百八十三箱（每箱约一百二十斤）。不过义律还留了一手，就是在他发出的通知中，最后一句是："英商财产的证明以及照

本通知乐于缴出的一切英国人的鸦片的价值，将由女王陛下政府随后规定原则及办法，予以决定。"这令商业冲突变成中英两国的冲突。而封锁十三行事件后被写入《南京条约》，并以此为借口索取赔款六百万元。条约中写道："因大清钦差大宪等于道光十九年二月间经将大英国领事官及民人等强留粤省，吓以死罪，索出鸦片以为赎命，令大皇帝准以洋银六百万元偿补原价。"

为了显示天朝法度得威严，更为了兑现缴烟令中的许诺，林则徐立即派人给商馆送去二百只牛羊和食物。从4月11日到5月18日，林则徐领导广州军民总共收缴鸦片一万九千一百八十七箱又两千一百一十九袋（其中一千五百四十箱是美国烟贩缴出的），共重

### 议约场景复原

南京是清代两江总督府所在地，东南部的政治、经济中心，也是军事重镇。1842年8月英军兵临南京城下，胁迫清政府于8月12、13、14和24日在静海寺就《南京条约》进行谈判，此大殿正建于议约原址—古静海寺东配殿遗址之上，特将议约场景部分复原，以示长远警示。

Restoration of the Site for Negotiating the Treaty of Nanjing
In August 1842, the British army approached Nanjing and force the Qing government to negotiate the Treaty of Nanjing in Jing Hai Temple on the 12th, 13th, 14th and 24th of August. The hall was rebuilt on the original site of the eastern wing of the ancient Jing Hai Temple. The scene of negotiation is partly restored just to warm the people of the past.

二百三十七万六千二百五十四斤。随后，林则徐恢复了中外贸易，解除了对商馆的封锁，准许仆役回商馆工作，只对包括颠地在内的十六名大鸦片贩子实施暂时扣留，待他们具结，作出以后不来中国的保证后，才于5月24日允准他们离开广州。义律无可奈何地偕同尚未离去的英商在5月24日溜到澳门。

离开之前，他请求美商，为了将来大家的共同利益，最好与英商一起离开。其实他是怕美国商人取代英商拿到一年一次的茶叶合同。但美商代表福布斯回答义律说："我来中国不是为了疗养和寻欢作乐，只要能卖出一码布或者购进一磅茶叶我就要坚守岗位……我们美国公民没有女王来担保补偿我们的损失。"

# 五、虎门销烟

　　当大量的鸦片被缴获之后，接下来的工作就是如何销毁的问题了。林则徐多方比较后确定了最终的方案，并在虎门海滩实行这一工作。虎门销烟成为林则徐领导的此次广州禁烟运动的定点，也是他领导禁烟运动所取得的一个决定性的胜利。

## (一) 销烟的决定与方法

缴烟获得了完全的胜利，从趸船上收缴来的鸦片，刚开始的时候全部堆放在虎门寨下水师提署和附近的民房、庙宇内。由于每个贮存鸦片的烟箱长约三尺，高一尺五，宽一尺五，每个大房间只能堆放四五百箱。这样，房屋根本不够存放，只好按贮烟地点分成数片，每片房屋外面筑围墙，搭起高棚，贮放烟箱。为防范有人偷窃，林则徐还派兵昼夜巡逻。如此巨量的鸦片该如何处置呢？起初，林则徐、邓廷桢等人曾打算把它们解往北京，由朝廷验明烧毁。5月24日，就在义律离开广州前往澳门的当天，林则徐在虎门接到道光谕旨，准他前奏，将鸦片解押进京。

5月25日，林则徐与邓廷桢就开始研究

北运计划了，决定走海船进京。26日，林则徐和邓廷桢派佛山同知刘开域带一千六百四十箱茶叶前去澳门赏给义律，义律拒绝接受。28日，林则徐写下鸦片进京的草稿，寄给广州的邓廷桢，叫他过目后再上奏。但此时，林则徐不知道，道光早改变主意了。因为刚给林则徐发下谕旨，就有御史邓瀛上奏说，鸦片运京诸多不便，需动用大量人力物力；广州离京师千里迢迢，就当时的运输能力，完成任务是相当困难的。广州至江西一段水路，需征民船百余艘，水手约两千余人。从江西顺长江而下安徽，同样要借助民力。安徽以北的陆路运输又需大车千余辆，车夫千余人，骡马五六千匹，预计耗资十万金。如此劳扰赔累，且在遥远的途中，还容易被居心叵测之流抽换调包。道光一听，也觉得鸦片运京太浪费人力物力了，旋即下旨不必运京，就地销毁。林则徐接到此谕是30日，所以马上通知

邓廷桢，折稿不必上奏了。31日，林则徐发出通知，就地销毁鸦片，允许沿海居民前去观赏。

销毁鸦片烟有很多种办法，林则徐希望找到销毁鸦片的最佳方法。在湖广禁烟时期，林则徐曾使用传统销毁鸦片"烟土拌桐油焚毁法"，将鸦片拌以桐油，点火燃烧。但焚烧过之后，鸦片残膏却会渗入土地中，一些人就将这些土挖去，熬炼成烟膏，这样仍可得到十分之二三的鸦片，流毒难清。实践证明这种方法不能再用。经过仔细查访，得知鸦片最忌二物：一为盐卤，二为石灰。鸦片投入到石灰和盐卤中后，很快就会变成渣沫，不能再收回成膏。煮化法虽然可行，但需垒成千上万的锅灶，煮化起来旷日持久，不好管理，林则徐和关天培等反复酌商，决定把煮化改为浸化，即挖掘大池代替锅灶，销毁鸦片。

## （二）虎门海滩那一幕

1839年6月3日，这是值得中国人民纪念的日子。虎门搭起了一座礼台，挂起麒麟帐，铺着红色的毡毯。礼台前面，挂着一面黄绫长幡，上书"钦差大臣奉旨查办广东海口事务大臣节制水陆各营总督部堂林"，威武雄壮，迎风飘扬。这一天，雨过天晴，骄阳高挂，虎门寨下，从四面八方来围观的群众，人山人海；山前山后，哨兵林立。海滩的高处挖有两个长、宽各十五丈的水池，池底平铺石板，池子临边的一面有一道涵闸，池子的旁边堆满了石灰、盐包和两万多箱鸦片。几百名兵勇拿着盛石灰的筐和开箱子的刀

锤站在池子的四周。港湾里碧波荡漾，数十艘战船威武雄壮地排成一字形队列，在海面上游弋，挂在桅杆尖端的大清龙旗迎风飘展着。午后二时，留着长髯、神情刚毅的林则徐，在广东地方官吏和士兵的簇拥下登上了虎门海滩的礼台。林则徐遥望南天，心潮澎湃，在人声鼎沸的虎门，他庄严下令销烟。顿时，轰隆的礼炮齐鸣，震惊中外的虎门销烟开始了。

只见文武官员督率士兵把缴获的鸦片编号登记，打开装鸦片的箱子，对鸦片进行过秤之后，销化烟土的工作开始，池旁的绿营兵丁们忙碌起来了。这些具体的工作人员只能穿裤头上战场，结束时还得搜身。兵勇们先是从后面水沟里把水引入销烟池内，撒入食盐，使池水成为盐卤，接着又把鸦片逐个切成四瓣抛入池中，等鸦片被盐水浸透后，再投入石灰。顷刻间，池子里沸腾起来，而大量的浓烟向上升腾，一些渣滓则下沉，难闻的气味

弥漫开来，而滚滚的浓烟更是在虎门海滩上空升起。兵丁们站在跳板上，手拿铁锄、木耙来回翻搅，使鸦片完全销溶，等到海水退潮时，打开销烟池前面的涵洞，使销溶后的鸦片随着浪花冲入大海。在涵洞上还装着网筛，防止未销溶的大块鸦片流出。全部鸦片销溶后，还用清水刷涤池底，

不留一点烟灰。一池销毁完毕，马上打开涵洞，把浸化的毒水排入海内，然后再引入清水把池冲洗干净。另一池又开始浸化销毁。这样两个池子轮流销毁，一天销毁鸦片一百七十余箱。夕阳西垂，毒害人民的鸦片终于化成一池池的渣沫，随着退潮的海水，流入大洋。

从6月3日开始，到25日截止，销烟连续进行了二十三天后，将二百三十七万余斤鸦片除公班、白土、金花、小公班各留

两箱作为样土外，其余全部如数销毁。整个虎门销烟期间，总计一千一百多吨烟土随着浪潮哗哗地泄进了波涛汹涌的大海，同时泄去了近百年来外国侵略者强加给中华民族的耻辱。林则徐曾先后三次向皇帝奏报销化烟土事宜，并亲自驻扎虎门，非常认真地完成这一伟大使命。

在林则徐的指挥下，历时二十三天的虎门销烟，向全世界宣告了中华民族决不屈服于侵略的决心。虎门销烟的壮举，像海水冲刷烟膏那样，洗去了腐败无能的清政府强加给中华民族的耻辱，向全世界表明了中国人民决心禁烟和反抗外国侵略的坚强意志，谱写了近代史上中国人民反对外国侵略光辉篇章的第一页，拉开了中国人民近百年来反侵略战争史的序幕。它使英国侵略者企图用鸦片打开中国大门的罪恶阴谋受挫，沉重地打击了外国侵略者的嚣张气焰，鼓舞了中国人民的革命斗志，它向全世界表明了中国人民具有维护民族尊严和反抗外国侵略的坚强决心。

### （三）西方人的观感

虎门销烟以雄辩的事实批驳了外国商人所说的"中国人不会焚毁一两鸦片"的谰言。

当时，不少外国人是以怀疑的眼光看待禁烟运动的。早在义律答应缴烟开始，鸦片贩子就散布谣言说中国人根本不会销毁鸦片。4月22日，当缴烟达到半数时，义律写信给英国外交大臣巴麦尊说，他估计这批鸦片将作为政府专卖，而使今后的鸦片贸易

合法化。他确信中国政府可能建立一种方式付出某种代价。在广州商馆里的许多外国人曾断言"中国人不会焚毁一两鸦片"。因为他们根据多年来的经验认为，清朝官员都是可以买通的，官方的禁烟无非都是没有雨的雷声。

为了向全世界表明中国人民反抗对外侵略的坚定意志，为了昭示中国人民纯洁的道德心和凛然正气，根据道光皇帝关于准许外国人"共见共闻"的谕旨，林则徐在销烟前发出告示，准许外国人前往参观，共同见证鸦片被销毁的过程。允许外国人参观销烟经过的通告发布后，美国奥立芬洋行股东经和眷属、传教士

裨治文、商船"马利逊"号
船长弁逊等约十人，不信
林则徐有办法把所有鸦片
完全销毁，于是前来实地
考证。他们乘坐"马利逊"
号，从澳门出发，赶往虎门
参观，17日上午抵达销烟地
点。林则徐请他们走进栅
栏内、销烟池前，观察销烟
的全过程。

　　当这些西方人亲自目
睹了销烟的全过程后，经反复考察，皆心
悦诚服，他们不得不佩服中国人办事认
真的态度。他们惊叹销烟工作的细心和
忠实的程度，远出乎他们的臆想。在事实
面前，这些人都一一点头，美国奥立芬洋
行股东经恭恭敬敬地走到林则徐面前，
摘帽敛手，表示敬佩，林则徐办事认真彻
底令他们佩服。裨治文写道："我们曾反

复考察过销烟的每一个过程，他们在整个工作进行时细心和忠实的程度远出乎我们的臆想，我不能想出再有任何事情会比执行这一工作更忠实的了。……镇口有个穷人，因仅试图拿走身旁的一点鸦片，一经发觉，几乎立即依法惩办。……目击后，我不得不相信这是一个事实"。外国人不得不承认代表中华民族的林则徐在销烟问题上非常彻底，其光明正大给英、美等鸦片贩子的堕落蜕化以锋利的训斥。使他们不得不承认，"至少这一次中国人自己是把官方命令见诸实行了，虽然这是可以从中取利的，却是老实地去做，也很彻底"。曾当过《澳门月报》编辑的卫三畏在其《中国总论》中也说："鸦片是在最彻底的手段下被销毁了，……全部事务的处理，在人类历史上也必将永远是一个最卓越的事件。"此外，《季度评论》《新加坡自由新闻》《广州纪时报》等外国人报纸皆大篇幅连续报道虎门销烟，而且得到与鸦片贸易无关的外国人的支持及肯定。英国本土方面也因此事件而物价增长，尤其是大米、丝绸和银。葡萄牙商人全部承诺不贩鸦片，并欢迎林则徐亲临查办。林则徐于是发表声明，葡萄牙商人不但可以正常贸易，且往中国贸易时更会得到保护，绝不被人欺凌。

事实上，在当时贪污腐化的官场中，查禁鸦片已成为勒索贿赂的手段。林则徐这样认真、果断、彻底地销毁鸦片，实为难能可贵。他用自己的勇敢、智慧、坚韧不拔的毅力和认真严肃的作风，为中华民族赢得了自尊。甚至连他的敌人也不得不承认他是一个伟大的人物。英国首都伦敦有一座专门陈列世界名人、伟人的蜡像馆，其中就有林则徐的塑像。

# 六、战争阴云的弥漫与扩散

　　中国的禁烟是一次正义之举，但对于英国而言，则是其经济利益受损的一个行动，不能不触动其神经。在英国国内进行争论和为战争做准备的时候，林则徐也意识到了战争的危险，也在人力和军事方面有所准备。而英国为了维护罪恶的鸦片贸易和打开中国市场，最终挑起了侵华的鸦片战争。

## （一）禁烟对英国的触动

随着中国禁烟的胜利，英国各界开始叫嚣要发动对中国的战争。因为林则徐的禁烟行动打碎了英国榨取中国和印度财富的那条连环式锁链。鸦片不能运销，种植和制造业都将萎缩。没有鸦片收入，英国就无法掠夺中国的白银以换取茶叶和生丝，也将影响印度对英国纺织品的购买力。从而使英国政府丢掉巨额税收，使英国鸦片贩子、茶丝商人和纺织资本家丢掉巨额利润。况且，在1839年1月间就已有五万箱印度鸦片准备销售，其中一部分已经运到中国，另外一部分正准备挤进中国市场。中国卓有成效的禁烟运动无异于打碎了英国的金饭碗。

中国正义的禁烟行动在英国商界和工业界引起了强烈反应。拥有自己的舆论阵地，且热衷于请愿活动、游说活动的英国资产阶级立即开动宣传机器，恶意地攻击中国的禁烟政策和禁烟行动。他们诬蔑中国的禁烟是"暴行"，把搜缴毒品说成是"强迫英国人交出财产"，说"英国女王的臣民的人格受到了污辱"，努力试图激起普通英国公民对中国的仇视，引导英国政府作出侵华决策。最值得注意的是，与鸦片贸易有关的那些商人的活动。他们早在1834年就在广州成立了一个侨商公会，以大鸦片贩子马地臣为理事

长。马地臣一方面活动工商业界"关注英国人在中国所受的委屈";另一方面亲自著书立说,写成《英国对华贸易的现状和展望》,鼓吹中国市场是如此广大、富于购买力,一旦被打开对商界和工业界是怎样的有利,借以吸引和争取对中国市场有利害关系的英国资产阶级的支持。1836年,他们运用工业界向政府施加压力和影响,促其采取措施扫除所谓中英商务贸易的障碍。同年,他们又与曼彻斯特商会、利物浦印度协会、格拉斯哥印度协会联合上书英国政府,要求保护对华鸦片贸易,使旅华英商免受中国政府的"虐待和侮辱"。

## (二)英国炮舰政策的确立

当中国的禁烟消息通过义律的报告传回英国后,他们没有为鸦片的损失而难过。相反,他们为找到了战争借口而欣喜，叫嚷中国"给了我们一个战争的机会——使我们可以乘战胜之余威，提出我们自己的条件，强迫中国接受"，"对于中国和对于一切软弱的政府一样，勇敢地施用暴力，可以收到意外的效果"。1839年8月，伦敦的商业资产阶级和工业资产阶级联手，由印度和中国协会出面，召开紧急会议，策划怎样挑起战争的问题。大鸦片贩子拉本德和刚从中国返回英国的颠地共同主持会议。会后，他们还拜会了英国外交大臣巴麦尊，向他汇报中国的情况。颠地是当时旅华侨商协会的头目，在策动战争方面十分活跃。他以见证人的身份描述中国政府是如何的"野蛮"。这本是一派谎言，却使许多不明真相者相信他所描述的一切是真实的。他伙同查顿、马地臣、胡寒等一起筹集活动经费，向英国官员、议员、报纸游说。1839年9月底，他们终于获得外交大臣的接见和支持。

1839年10月1日，英国召开内阁会议，讨论侵略中国的问题。巴麦尊根据查顿提出的主意，建议派军舰封锁中国沿海港口，索回缴出的鸦片烟钱，会议决定发动侵华战争。这一决定由巴麦尊于10月18日密传义律，指示他准备在第二年的3月间开始进攻中国。

### （三）林则徐的预见与中英双方冲突的发生

在虎门销烟的过程中，林则徐曾在销烟池畔的棚厂会见了这些参观的外国人，接见了裨治文和经，会见足足进行了两个钟头。林则徐向他们申明了以后英船进港的条件，宣称：中国政府对今后走私鸦片，必予以最严厉的惩处，而对于从事正当贸易的外商，则将给予恩惠，并且，走私决不容牵累合法

贸易。他预计到英国侵略者不会就此善罢甘休，甚至可能进行武装挑衅，但他没有退缩。而且，这些人也确实说起英国的海军力量，并特别称赞英国的汽船。林则徐当时皱了几次眉头，并向他们宣告："我们不怕战争！"

林则徐意识到英国会发动侵略战争。为了战胜敌人，需要知己知彼。他经过多方面分析研究，得出：变敌人的长处为自己的长处，即魏源归纳阐述的"师夷之长技以制夷"。于是林则徐组织翻译班

子，把外国人讲述中国的言论翻译成《华事夷言》，作为当时中国官吏的一种"参考消息"；为了解外国的军事、政治、经济情报，将英商主办的《广州周报》译成《澳门新闻报》；为了解西方的地理、历史、政治，又组织翻译了英国人慕瑞的《世界地理大全》，编为《四洲志》，这是我国近代第一部比较系统介绍西方地理的书；还翻译瑞士法学家瓦特尔的《国际法》。

在军事方面，着手加强和改善沿海一带的防御力量。林则徐的海防加固，重点放在虎门。这项庞大的海防工程大约需要白银八万六千两。而道光帝又是历史上最小气的一个皇帝，所以林则徐让行商们自愿捐银十万两，即虎门海防没花朝廷一两银子。同时，相信"民心可用"的林则徐，招募五千多渔民编成水勇。

在1839年9月，义律带领五只英船来到九龙，派一只小船投递禀书，要求供应淡水和生活必需品，并将一张告白送交当地群众，央求他们不要在水里投毒。但是当地官员拒绝接受禀帖。义律扬言：下午两点半，如果还没有得到肯定的答复，他将击沉任何在他面前出现的中国船只！最终双方发生冲突，结果据林则徐奏称：九龙之战，清军战死两人，受伤四人，师船稍有损失；击翻英船一艘，击毙英人至少十七名。

11月3日，清英第二次冲突，史称穿鼻之战。此次是由于英国的船只"皇家萨克逊"号私自具结入关贸易，受到义律所率领的英国兵船"窝拉疑"号和"海阿新"号兵舰的阻拦，"窝拉疑"号向"皇家萨克逊"号轰了一炮，义律也站在船头勒令萨克逊船长回返，这可怜的船长没有办法，只好遵命回转，就在此时，天朝水师提督关天培率领的二十九只水师巡船过来了，他想知道到底发生了什么事。但关

天培船上挂有一面红旗，此乃水师提督出巡的仪帜，而英国海军的游戏规则，乃是无事挂白旗，开战才挂红旗的，

所以英国人感觉到奇怪，天朝方面怎么一言不发就跟我们开战呢？英国方面不敢迟疑，不由分说就先开了炮。结果，清军予以猛烈地还击，双方都各有损失。在此次冲突之后，中英双方又在官涌有六次冲突。

而以上这些冲突成为英国发动大规模战争前的热身运动，但对于林则徐而言，则促使他进一步加强准备。林则徐专门从外国买来两百多门新式大炮配置在海口炮台上。为了改进军事技术，又搜集并组织了大炮瞄准法、战船图书等资料。

## （四）战争袭来

当英国一切都准备妥当之后，随即挑起战争。

1840年2月，英国政府任命曾任印度总督、英国好望角舰队总司令官的乔治·懿律和驻华商务监督查理·义律为正副全权代表，并任命懿律为侵华英军司令。同天，巴麦尊外相向两位公使发出了他的第一号秘密训令。同时附有《巴麦尊致海军总密函》《巴麦尊致清朝皇帝钦命宰相书的副本》（一式三份）、《条约草案》等三个附件。1840年3月19日，英国下院议

员正式得知政府准备征华的消息。4月，英国政府组成了一支包括由五百四十门大炮装备的四十八艘舰船和四千名士兵在内的所谓的"东方远征军"。英国政府给他们的指示是：第一步封锁珠江口，然后占据舟山群岛，再北上天津，胁迫清政府接受赔偿烟款、割让岛屿、开埠通商、协定关税、领事裁判权等条件。如果得不到满意的答复，就进一步扩大侵略战争。

战争降临到了无辜的、爱好和平的中国人头上，第一次鸦片战争爆发！